やり方がちがう人を取り残さない

東洋大学人間科学総合研究所客員研究員　川内美彦

　本を読むときに、多くの人は、文字を目で読みます。では、目の見えない人は、本が読めないのでしょうか。いえいえ。目の見えない人は、点字や、パソコンでの音声による読み上げなどで、本を読んでいます。

　人と話をするとき、多くの人は、相手の声を聞きながら話をします。では、耳の聞こえない人は、人と話ができないのでしょうか。いえいえ。耳の聞こえない人は、手話や筆談などで、人と話をしています。

　高いところのものを取るとき、多くの人は、背をのばして取ります。では、立ち上がることができない人は、高いところのものが取れないのでしょうか。いえいえ。立ち上がることができない人は、周りの人にお手伝いをたのんだりして、高いところのものを取っています。

　見えない、聞こえない、立ち上がれない人たちは、できない人だと思われていますが、そうではなくて、ほかの人たちとはやり方がちがうのです。でも社会は、やり方がちがう人がいることを、あまり考えてきていませんでした。なので、やり方がちがう人には、できないことがたくさん生まれてしまっています。

　この本には、そのやり方がちがう人たちができるようになれる工夫が、たくさん載っています。いま世界は、「だれひとり取り残さない」（Leave No One Behind）という目標をかかげています。これからは、ほかの人とやり方がちがっていても、その人たちなりのやり方で、いろいろなことができるような社会になっていってほしいものです。そして、それぞれの人がそれぞれのやり方でできることがあたりまえの社会になってほしいものです。

　そうした社会にするにはどうしたらよいか、そして町にはどんな工夫をしていくとよいか、みなさんもぜひ、考えてみてください。そして、考えつづけてください。

みんなが過ごしやすい

町のバリアフリー ④

監修 川内美彦（東洋大学人間科学総合研究所客員研究員）

伝える・楽しむ工夫

小峰書店

「みんな」ってどんな人？

　この本のタイトルは『みんなが過ごしやすい町のバリアフリー』です。ところで「みんな」とは、だれのことでしょうか？

　町には、お年よりや小さい子ども、目や耳などに障害のある人、けがをした人、日本語がわからない外国人など、さまざまな人がいます。そのひとりひとり、すべての人たちができるだけバリア（かべ）を感じずに過ごせるように、町の図書館、病院などの建物や乗り物、道路の設備にはいろいろな工夫があります。

　4巻では「伝える・楽しむ工夫」を紹介します。町を歩いて、いろいろな工夫を調べてみましょう。そして、みんなが過ごしやすい町になるために、自分にはどんなことができるか、考えてみましょう。

も　く　じ

この本の使い方

この本では、バリアフリーのための設備などとその工夫について、3つのステップで紹介しています。

①

Q どんな場所にあるの？など

Q＆Aの形式で、紹介しているバリアフリーの工夫が、どのような場所でよく見られるかなどを説明しています。町を歩いて調べるときの参考にしましょう。

調べてみよう！ やってみよう！

紹介している工夫について、身近な場所を調べるときなどのヒントです。

②

Q なぜ、つくられたの？

Q＆Aの形式で、この工夫がなぜ考えられたのか、なぜつくられたのかを説明します。どんな人にとって便利なのかも説明します。

使いやすくするための工夫など

設備にどのような工夫がされているのか、図や写真とともに紹介します。

インタビューコーナー

紹介している設備と関わりの深い、当事者のみなさんの声をQ＆Aの形式で紹介します。

③

くわしく知ろう！ 見てみよう！

紹介したバリアフリーの工夫について、くわしく解説するページです。誕生したときのことや今にいたるまでの歴史を紹介したり、国内での広まりや世界での発展のようすを紹介したりしています。

コラム

紹介したバリアフリーの工夫について、少しちがった視点から考えます。

グラフなど

グラフや地図で、紹介するバリアフリーに関わることがらについて、よりくわしく学びます。

考えてみよう！

みんなの毎日のくらしと町のバリアフリーの関係について、みんなで考えていきたいことを提案します。

報告文を書いてみよう

みんなが過ごしやすい町になるためのバリアフリーの工夫について、調べて報告文を書いてみましょう。ここでは、「ほじょ犬」マークについて調べた報告文を紹介します。

この本で調べた 報告文の例

「ほじょ犬」マークで、みんなが過ごしやすい町へ

5年4組　池口はじめ

1.調べたきっかけ

町の図書館の入り口に、「ほじょ犬」のマークがはってあった。何の意味のシールなのか、どんな人にどんなふうに役に立っているのかを知りたくなったので、調べることにした。

「ほじょ犬」のシール

> 25ページの「使いやすくするための工夫」から、ほじょ犬マークを引用しているよ。

2.調べ方

大きく分けて、二つの方法で調べた。一つ目は、家族に「ほじょ犬」のマークを見たことがあるか、聞いてみた。二つ目は本で、このマークが何のためにはってあるのかなどを調べた。

3.調べて分かったこと

父と母は「ほじょ犬」マークを知っていた。盲導犬など、障害のある人がパートナーとして連れている犬を補助犬とよぶのだそうだ。祖母によると、図書館のほかに、市役所、商店街のレストラン、美容院の入り口にもはってあると言っていた。本で調べると、このマークがつくられた理由が次のように書いてあった。

> 24ページの「なぜ、つくられたの?」から、文章を引用しているよ。

補助犬法では、法律によってみとめられた補助犬たちをパートナーとして、補助犬を連れた人たちが施設や店に入ることができると決められています。しかし、施設や店の人、そこを利用する人がペットの犬とのちがいを理解せず、補助犬を連れた人が入場を断られることが多くあります。人びとに、補助犬の同伴が必要な人について広く知ってもらうため、このマークがつくられました。

（小峰書店「みんなが過ごしやすい町のバリアフリー」4巻24ページ）

このように、補助犬を連れた人が施設や店を利用しやすいように、マークをはってあることが分かった。

盲導犬　　聴導犬　　介助犬
3種類の補助犬

> 24ページの「補助犬って、どんな犬のこと?」から、絵を引用しているよ。

4.まとめ

補助犬はペットとはちがい、障害のある人が生活をするのに必要な犬だから、施設やお店は受け入れなくてはならないルールになっていた。そのことをぼくは知らなかったし、知らない人が多いと思う。「ほじょ犬」マークをきっかけに、みんなが知ることができればいいなと思った。

- -

参考　「みんなが過ごしやすい町のバリアフリー」小峰書店　（2022年）

報告文を書くコツ④

写真や図表を上手に使おう

報告文を書くとき、文章を引用するだけでなく、写真や図表も引用すると、さらに分かりやすくなります。文章だけの報告文よりも、読む人の興味をひきつけることができます。また、内容もぐっと伝わりやすくなります。

ただし、何のためにその写真や図表を引用するのか、目的をはっきりさせることが大切です。あまり関係のない写真や、報告したいことに関する根拠にはならない図表をのせてしまうと、反対に説得力のない報告文になります。その写真や図表があることによって、読む人に「なるほど」と思ってもらえるようにしましょう。

報告文だけでなく、自由研究や新聞づくりなどでも、写真と図表をうまく使うことが大切です。

「補助犬」
について調べることにした
Iさんの場合

全国にどれくらいの補助犬がいるのか、グラフをのせたら分かってもらいやすいかな。

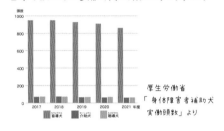

日本で働いている補助犬の頭数のうつりかわり

厚生労働省
「身体障害者補助犬
実働頭数」より

「だれもが遊べる公園」
について調べることにした
Jくんの場合

公園の遊具の写真をのせよう。見てもらうのがいちばん分かりやすいから。

オーストラリアにある公園の遊具

「手話通訳士」
について調べることにした
Kさんの場合

都道府県別の手話通訳士の人数を図で見せよう。場所によって人数がちがうことも報告文に書こう。

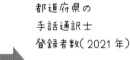

都道府県の
手話通訳士
登録者数（2021年）

聴力障害者情報文化センターの資料より

「みんなが楽しめるスポーツ」
について調べることにした
Lくんの場合

スポーツをしているところの写真を報告文にのせよう。みんなが楽しんでいることが分かるように。

円ばんを投げ合うフライングディスク

ポイント グラフなどの図表をのせるときは、題と出典（そのグラフや図表がのっている本の名前や出版社、ページなど）を書こう。写真をのせるときは、何をしているところかを書こう。

聴覚に障害のある
小林とみ子さん

小林さんは、生まれたときから耳が聞こえません。小林さんのお出かけは、どんなようすでしょうか？

これは「I love you」（私はあなたが好きです）のサインです！

　私は静岡県の生まれで、今は東京に住んでいます。仕事は、盲ろう者（目と耳が不自由な人）のお世話をしています。

　手話は、浜松聾学校の時代に学びました。当時は手話は禁止されていたので、寮生活でこっそりと身につけたんですよ。３人いる小学生の孫とは筆談などで話をしますが、ぜひ、手話をおぼえてもらいたいなと思っています。

1 ケーキ屋さんでお買い物

なじみのお店なので、小林さんは目と目でお店の人とあいさつします。

まようわねー。どれもおいしそう。

おいしそう！お友だちに買っていこうかしら。

焼き菓子を買いました！

会計の料金は、お店の人が電卓を見せてくれるのでわかります。

2 友だちと会う

さっき食べたランチ、おいしかったわね！また行きましょう。

手話通訳士の友だちと会いました。いつも手話でおしゃべりします。ときどき、いっしょに小学校に手話を教えに行ったりしています。

友だちが位置を逆にしてくれたので、見やすくなりました。

まぶしくて手話が見にくいわ・・・。

太陽の光がまぶしくて、相手の手話が見にくいことがあります。

手話のできない友だちもくわわり、３人でうちあわせ。スマホの音声アプリで、音声をテキストに変えて会話します。

3 家に帰る

今日はありがとう！元気でね！

あら、こまったわね・・・。

駅の切符売り場で、駅員さんに聞きたいことがありました。しかし、インターフォンは小林さんには使えません。このあと駅員さんが来て、筆談で対応してくれました。

踏切をわたるときは要注意。本当に電車がきていないか、何度も左右を目で確認します。うしろから来る自転車にも注意しなければなりません。

音声を外国語に翻訳するアプリ

音声翻訳アプリ「VoiceTra」を使っているところ。アプリをインストールしたスマホに向かって話しかけると、音声がその場で別の言語の文字と音声に変換される。外国語がわからなくても、外国の人と会話ができる。
開発元：国立研究開発法人情報通信研究機構（NICT）

日本語がわからない外国の人と会話をするときに、とても便利なアプリ※があります。どんなふうに、便利なのでしょうか？

※アプリは「アプリケーション」の略。スマホやタブレット、パソコンにインストール（取りこんで使えるようにすること）して使う。

Q どこで使えるの？

A スマホやタブレットを使える場所

VoiceTra（ボイストラ）は、スマホやタブレットに入れて使う音声翻訳アプリです。日本語で話しかけると、その場で外国語に翻訳します。外国語から日本語に、また外国語からほかの外国語に翻訳することもできます。だれでも無料でスマホに入れることができ、Wi-Fi（ワイファイ）などインターネットができる場所なら、どこでも使うことができます。また、アプリの技術を使った「救急ボイストラ」が、各地の消防で使われています。

「VoiceTra（ボイストラ）」を使って外国の人に道案内をするところ。31の言語に対応しているので、多くの人が、相手の使う言葉をさがすことができる。

写真提供：北秋田市役所

「救急ボイストラ」を取りいれている消防の訓練のようす。救急現場でよく使われる文が用意してあり、いろいろな言語に翻訳する。日本語がわからない外国の人と消防隊員がコミュニケーションをとるのに、とても便利。

やってみよう！

VoiceTra（ボイストラ）は、だれでも無料でインストールできるよ。自分のスマホやタブレットで試してみよう。

Q なぜ、つくられたの？

A 外国語のわからない日本人が会話できるように

ある言語で話すと別の言語の音声に変換される自動音声翻訳技術の研究が、1986（昭和61）年から国を中心に始まりました。その研究成果を広く知ってもらうため、無料で使える音声翻訳アプリとして国内外で提供されたのが「VoiceTra」です。

ミャンマーで紹介されたことをきっかけに、ミャンマーの人びとによく使われるようになり、ほかの国でもダウンロードされるようになりました。

日本では、海外からの観光客などがふえ、日本語のわからない外国の人と会話をする必要のある場面がふえました。道案内や買い物などの日常会話をはじめ、病院や役所、警察、消防などの公共機関で、どの国の人ともその場で会話ができるアプリが求められるようになったのです。今では多くの場面で、翻訳アプリが便利に使われています。

お色ちがいはこちらです

 考えてみよう！

 どんな場面で、音声翻訳アプリが役に立つかな？

VoiceTraの開発にたずさわった研究者 隅田 英一郎さんのお話

Q VoiceTraとは、何ですか？

A 「言葉のかべ」をこえるためのツールです。

町の施設だけでなく、人と人の間にもさまざまなかべ（バリア）があります。言葉のかべも、そのひとつです。今、アジアなどから来た多くの外国人が日本で働いていますが、言葉のちがいが大きなかべになっています。音声翻訳アプリVoiceTra を使えば、クメール語を話すカンボジアの人とも簡単に会話できます。相手の言っていることがわかれば、なかよくなれます。

VoiceTra は、たとえば英語とクメール語など、31 の言語から翻訳の組み合わせができます。全世界で、言葉のかべをこえるのに役立ちます。

使いやすくするための工夫

工夫❶ 31ある言語の中から、話したい言語と翻訳したい言語をえらぶことができます。

工夫❷ マイクのマークをタップしてスマホに話しかけると、話した言葉が表示され、すぐに翻訳したい言語に翻訳されます。

工夫❸ スピーカーボタンをおすと、翻訳後の言語の音声を聞くことができます。

工夫❹ 翻訳した結果の言語が、もとの言語にふたたび翻訳されて表示されます。自分が言いたかった通りに正しく翻訳されたかどうかを、確認することができます。

工夫❺ 話しかけるだけでなく、テキストの入力でも翻訳できます。さわがしい場所や、話した言葉がうまく表示されない場合に便利です。

日本語を英語に翻訳する場合

31の言語の中から、話しかける言語（ここでは日本語）と翻訳して表示する言語（ここでは英語）をそれぞれえらぶ。

スマホに向かって、相手に伝えたいことを話す。

話した内容が、えらんだ言語（ここでは英語）に翻訳されて表示される。右端のスピーカーボタンを押すと、音声で聞くこともできる。

食料の無料配布をしています。

食べ物をくばっています。お金はいりません。

避難所

じょうずな翻訳のコツは「やさしい日本語」

うまく翻訳できないときは、「やさしい日本語」（くわしくは3巻19ページ）を使って話してみましょう。熟語やカタカナの言葉を使わないことのほかに、①**はっきり言う**②**最後まで言う**　③**みじかく言う**の3つを心がけます。アプリの翻訳機能を最大限に生かすことができます。

耳の不自由な人との 会話を助けてくれるアプリ

耳の不自由な人や、言葉を発するのがむずかしい人との会話を、音声を文字に変換する音声認識の技術を使って助けてくれるアプリがあります。

これらのアプリでは、人が話した言葉を画面に表示します。耳の不自由な人や言葉を発するのがむずかしい人がその文字を読んで、テキストを打ちこんだり、画面に文字を書いたりして答えます。

耳の不自由な人と会話をするときに使うアプリ「こえとら」。文字を音声で読み上げる機能もある。家庭や職場でのコミュニケーションに便利なアプリだ。
アプリ開発元：国立研究開発法人 情報通信研究機構（NICT）

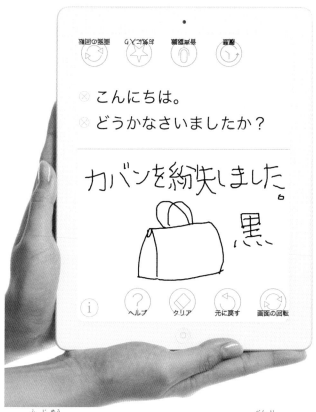

耳の不自由な人が聞こえる人と会話をするときに便利なアプリ「SpeechCanvas」。指でなぞることで、字だけでなく絵をかくこともできる。役所や交番で、こまりごとなどについての相談をするときに便利。

アプリ開発元：国立研究開発法人情報通信研究機構（NICT）

ボランティアが代わりの「目」になる

ボランティアに登録した人が、ライブ動画での会話を通して、目の不自由な人を助ける仕組みがあります。専用アプリを起動して「教えて」と助けを求めると、登録者の中の気づいた人が応答して、スマホに写っている映像について教えます。2021年現在、180の言語に対応し、35万人の視覚障害者と540万人のボランティア登録者が利用する、世界的な取り組みとなっています。

視覚に障害のあるデンマークの人が開発したアプリ「Be My Eyes」。名前の意味は「私の目になって」。写真は、目の不自由な人がネクタイの色を知りたいと発信しているところ。日本語で夜おそい時間に発信すると、地球の反対側のハワイから日本語のわかる人が応答したなどの例もある。

さまざまな場所で使われる
コミュニケーション支援ボード

コミュニケーション支援ボードは、会話でのコミュニケーションがむずかしい、または苦手な人や、日本語がわからない外国の人とのコミュニケーションを支援するためのものです。ボードにかいてある絵を指さして、言いたいことを相手に伝えます。警察や図書館などそれぞれの場所にあった、専用のボードがつくられています。

このように、話し言葉にたよらないコミュニケーションの方法も工夫されています。

図書館で使われているコミュニケーション支援ボード。たとえば図書館カードをわすれたときは「カードをわすれた」の箇所をさして伝える。

全日本空輸が導入しているコミュニケーション支援ボード。肉か魚か、機内食のメニューを絵をさしてえらんでいるところ。電子版なのでタブレットで見られる。

知っているかな？

筆談のコツ

手近にある紙などに文字を書いて会話することを、筆談といいます。紙とペンがあればできるいちばん簡単なコミュニケーションの方法で、耳の不自由な人との会話に使われることが多いです。長い文ではわかりにくいため、単語をならべたような短い文にすると、理解しやすくなります。役所や病院の窓口には「筆談できます」の案内がよく見られます。

乗っていた電車が止まって動かないとき、耳の不自由な人に身ぶりで理由を聞かれたよ。車内アナウンスの中身を筆談で伝えるなら、どう書けばよいかな？

✕ 前の電車がつまっています。順次発車するのでしばらくお待ちください

○ 前の電車つまってる。まって。

コミュニケーションに工夫が必要なときには、
どんな道具があると役に立つかな？

調べてみよう！

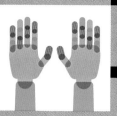

伝える・楽しむ工夫②

手話CG

私は今手話を勉強しています

NHKが開発した、手話CG（コンピューターグラフィックス）の動画。この技術を利用して、手話による放送・サービスをふやしていくための研究が行われている。

この動画は以下のURL「手話CGを評価する」で見ることができます。

https://www2.nhk.or.jp/signlanguage/wenquete.cgi?gid=2

手話は、言葉を音ではなく、手指の動きと表情を使ってあらわす言語です。CGのキャラクターが、手話を使って情報を伝えることができます。どんなものか、見てみましょう。

① 「私は」
指で自分をさす

② 「今」
手のひらを下に向けて同時におろす

③ 「手話を」
人さし指をのばして胸の前でくるくる回す

④ 「勉強する」
手の甲を外側に向けて軽く前へ2回出す

⑤ 「〜中です
（勉強中です）」
ふせた左手の内側に、立てた右手をあてる

Q どこで見られるの?

A パソコンやタブレット、スマホなどの端末

　手話は、耳の不自由な人が使う言語です。手や指の動き、表情、口の形などを使って話します。
　CG（コンピューターグラフィックス）のキャラクターに手話をさせて、耳の不自由な人に情報を伝える試みがあります。手話CGの動画はインターネット上で公開されているので、Wi-Fiなどにつながったパソコンやタブレット、スマホなどで見ることができます。

気象情報手話CGで見られる、全国各地の天気予報。1日3回、最新の情報に更新される。

見てみよう!

手話CGで気象情報を見られるNHKのWEBサイトがあるよ。
URL：https://www.nhk.or.jp/strl/sl-weather/

Q なぜ、つくられたの?

A 耳の不自由な人が、より多くの情報を得られるように

　耳の不自由な人は、テレビを見ていても得られる情報がかぎられます。手話でなら、より多くの情報を得ることができます。テレビのニュース番組などでは、手話通訳士が通訳をすることが多くあります。手話通訳には集中力が求められるため、数名が交代でつとめます。すべての番組につけるのは大変です。深夜の緊急時や災害時をはじめ、もっとたくさんの番組を見たいという声を受けて、手話CGが開発されました。

　2022年2月現在では、1日3回、全国各地の気象情報をインターネット配信しています。見た人の感想を聞き、手話CGの表現がわかりやすいかを調査しています。手話CGを気象情報のほかにも役立てられるよう、研究が進んでいます。

考えてみよう!

テレビで速報が流れて、アナウンサーが緊急情報を伝えるとき、耳の不自由な人はどうやって情報を得ればいいかな?

聴覚に障害のある
小林 とみ子さんの
お話

Q 手話CGは、役に立ちそうですか?

A 手話を知ってもらうきっかけになってほしいです。

　手話にはたくさんの種類があります。私が生まれ育った静岡で使っていた手話と、引っ越してきた先の東京の手話もちがいます。私たち高齢者が使う手話と若い人が使う手話も、かなりちがいます。このようですから、さまざまにちがう手話を手話CGとしてまとめるのは、たいへんなことです。研究が進んで、手話を使う人みんなに便利なものになったらいいと思います。手話は、人と人とが対面して会話することが大事ですが、手話CGをたくさんの人に見てもらえたら、手話を知ってもらうよいきっかけにもなります。

手話CGをつくる手順と工夫 （気象情報手話CG）

工夫① まず、キャラクターの「指の動き」や「表情」で、どのように表現したら伝わりやすいかを考えます。

工夫② つぎに、手話の文章や単語のひとつひとつをCG化するため、じっさいに人が行う手話の動きをコンピューターで記録します。

工夫③ 基本となる文章を手話であらわし、気象データにおうじて、気温や天気をあらわす手話を組み合わせます。これらは、自動で動きがつくられるようにしています。

工夫④ 手が交差するときも、腕全体の動きで立体的に見えるなど、じっさいの人の動きに近づけています。

工夫⑤ 手話の表現がわかりやすいか、自然かどうか、手話を使う人に意見を求めて、さらに本物に近い表現をめざしています。

気象情報を伝える手話のCGキャラクター。

手話CGができるまで

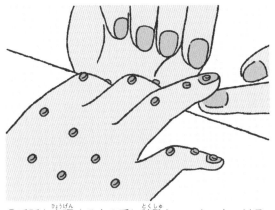

①手話を表現する人の手に特殊なマーカーをつける。マーカーのついた手で手話を行い、単語をあらわす動作をコンピューターに記録する。

②モデルの顔の形、肌の質感などさまざまな情報を360度撮影する。得られたデータは、人の温もりや親しみやすさを感じられる表現力豊かなCG制作のために、欠かせない材料となる。

手話通訳者の仕事

手話を使う人には、自分の言語として手話を使う人だけでなく、聞こえない人と会話をするために手話を学んで身につけた人がいます。手話を使って、音声の言語を手話に、手話を音声の言語に翻訳して会話の中だちをする人のことを、手話通訳者といいます。

2010年の国による調査で、耳の不自由な人は全国でおよそ30万人ほどいることがわかりました。そのため、手話通訳はさまざまな場所で必要とされています。都道府県などが通訳する力を判断する基準にしている統一試験があり、この試験に合格した人が、都道府県や市区町村が募集する仕事などで幅広く活躍しています。

ふだんは役所や病院などの職員として働き、必要なときに手話通訳をする人も多くいます。

写真提供：宮崎県

県知事の定例会見を通訳する手話通訳者。口元の動きが見えるように透明のマスクをつけている。

手話のできる人

病院で…

交番で…

デパートで…

手話通訳者

テレビで…

市役所で…

講演会で…

公的な資格、手話通訳士

　手話通訳士は、国がみとめる公的な資格です。資格を得れば、選挙の政見放送や裁判などの場で活躍できます。

　手話通訳士は、勉強を始めてから合格するまでに平均で10年ほどかかる、むずかしい資格のひとつです。必要とされる人数にはまだまだ足りません。また、最近は医師や弁護士などさまざまな専門職につく聴覚障害者がふえています。こうした人たちをささえるため、これからは通訳士にも、専門知識や専門用語を手話で表現する技術が求められそうです。

▼都道府県別の手話通訳士
登録者数（2021年）

登録者合計：3831名
（うち日本国外1名）

118
3
20　18
16
33
17　36　57
37
13　71　33　39
25　113　53　246
14　826
36　25　30　123
94　50　173　46　82　379
130　25　18　52　126
7　45　20　43　46
33　34　278
35　30　25
29

聴力障害者情報文化センター
の資料より作成

知っているかな？

耳の不自由な人とのいろいろな会話の方法

　耳の不自由な人とコミュニケーションをとる方法は、手話をふくめていくつかあります。聞こえの程度によって、方法はことなります。言葉のやりとりがうまくできないときは、いろいろな方法を次々に試してみましょう。

　どのようなときでも、「楽しい」「悲しい」など、表情をゆたかにすると、よりわかりやすくなります。

手話
手や指の動き、表情、口の形で言葉を伝える

空書き
自分の胸のあたりの空間に、指で文字を書いて見せる

口話
話をする人の口の形を見て、言葉を読みとってもらう

うれしいです。

筆談
紙などに字を書いて伝える

ゼスチャー
身振り、手振りで意味を伝える

この例では「うれしい」と伝えています。どの方法でも、まず相手から見える位置から声をかけることが大切です。

耳の不自由な人とコミュニケーションをとるとき、どんなことに気をつけたらいいと思う？

調べてみよう！

手話を見てみよう

手話は、耳の不自由（ふじゆう）な人たちの間で長い時間をかけて発達（はったつ）してきた、日本語とはちがう文法（ぶんぽう）をもったひとつの言語です。聞こえる人も手話を学んで、会話することができれば、おたがいの距離（きょり）がぐっと近くなります。かんたんな会話にチャレンジしてみましょう。

✋ 五十音を表す（指文字）

一音ずつをあらわす指文字は、人の名前や、きまった手話がない地名や物などの固有名詞（こゆうめいし）をあらわすときに使います。ここでは相手から見た手の形（かたち）を紹介（しょうかい）します。

やってみよう！

自分や友だちの名前を、指文字であらわしてみよう。

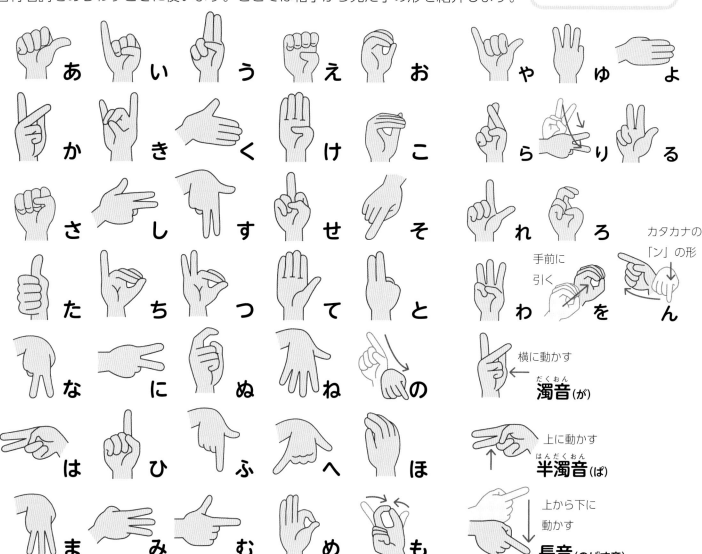

あ　い　う　え　お　や　ゆ　よ
か　き　く　け　こ　ら　り　る
さ　し　す　せ　そ　れ　ろ
た　ち　つ　て　と　わ　を　ん

カタカナの「ン」の形

な　に　ぬ　ね　の

手前に引く

横に動かす　濁音（だくおん）（が）

は　ひ　ふ　へ　ほ

上に動かす　半濁音（はんだくおん）（ぱ）

ま　み　む　め　も

上から下に動かす　長音（のばす音）

指の形の由来はさまざまだ。「あ・い・う・え・お」はアルファベットの小文字の「a・i・u・e・o」の文字の形からきている。「き」はキツネの「キ」、影絵（かげえ）のキツネの形だ。「ね」は木の根の形からきている。ほか、カタカナの形からきているものもある。

調べてみよう！

五十音のほかに、数字やアルファベットをあらわす指文字もあるよ。どんな形か調べてみよう。

 **あいさつの手話** かんたんなあいさつの手話を紹介します。手話であいさつができると、耳の不自由な人とコミュニケーションをとるきっかけになります。

目覚めのしぐさ

おはよう

❶こめかみにあてた右手のグーをおろすと同時に、顔をおこす。❷顔の前で右手をななめにかまえながら、軽く頭を下げる。

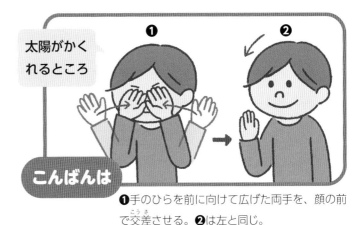

太陽がかくれるところ

こんばんは

❶手のひらを前に向けて広げた両手を、顔の前で交差させる。❷は左と同じ。

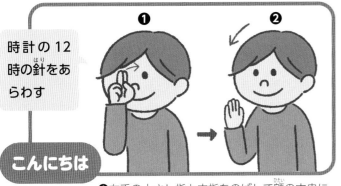

時計の12時の針をあらわす

こんにちは

❶右手の人さし指と中指をのばして額の中央にあてる。❷は上と同じ。

あいさつは❶だけでも伝わるが、❷のしぐさをつけるとよりていねいになる。❷の代わりに❸のように、両手の人さし指を内側に曲げるしぐさをして、あいさつする表現もある。

ありがとう

左手の甲に右手の小指側を直角にのせ、その右手をあげながら頭を下げる。

注目される国際手話

　手話は、世界中どこでも同じ表現をするわけではありません。その国ごとにちがう手話が使われています。同じ国の中でも、地域によって、また年代によって表現がちがいます。

　これに対して、「国際手話」は世界共通の手話です。耳の不自由な人たちの国際会議や会合、スポーツ大会などでは公用語のひとつとなっています。

　2020年（開催は2021年）の東京オリンピック・パラリンピックの準備期間中には、外国からやってくる耳の不自由な人とのコミュニケーションにかかせないと国際手話が注目され、学ぶ人がふえました。

写真提供：全日本ろうあ連盟

2019年、世界ろう連盟アジア地域事務局が開いた国際手話研修会のようす。アジアの11か国から、国際手話を学びたい人が参加した。

Welcome!

ほじょ犬

Service Dogs Welcome!

法律により盲導犬・介助犬・
聴導犬は同伴できます

厚生労働省
Ministry of Health, Labour and Welfare

障害者サービス用機器設置図書

図書館の入り口にはってある補助犬同伴可のマーク。「補助犬もいっしょに入場することができる」という意味のマークだが、実際にはこのマークがなくても、補助犬を同伴している人はほかの人と同じように施設を利用することができる。なぜはってあるのか、考えてみよう。

かわいい、犬の顔の形をしたマーク
が建物の入り口にはってあるのを、
見たことはありますか？　何のため
のマークなのでしょうか。

写真：新宿区立戸山図書館

Q どんな場所にあるの？

A 施設や店、レストランなど

ほじょ犬（補助犬）とは、目や耳や体が不自由
な人の生活を助けるための犬です。目の不自由な
人を助ける盲導犬、耳の不自由な人を助ける聴導
犬、体の不自由な人を助ける介助犬の3種類の
補助犬がいます。

「補助犬同伴可」と書いてあるこのマークは、
図書館、総合文化センターなどの公共施設や、ス
ーパー、レストラン、ホテルなどの入り口にもよ
く見られます。

写真提供：千代田区立千代田図書館

東京都の千代田区立千代田
図書館。席に車いすのマー
クとともに補助犬マークを
おき、補助犬を連れた人が
使うことができる席だとし
めしている。

写真提供：株式会社京王プラザホテル

東京都にある京王プラザホテルに設置されている、補助犬専用の
トイレ。ロビー外側の屋根のある場所にある。補助犬のためのも
のとわかるように、このマークがはってある。

調べてみよう！　きみの身近な場所では、
どんなところにあるかな？

23

Q なぜ、つくられたの？

A 補助犬を連れた人が、施設や店を利用しやすいように

補助犬法では、法律によってみとめられた補助犬たちをパートナーとして、補助犬を連れた人たちが施設や店に入ることができると決められています。しかし、施設や店の人、そこを利用する人がペットの犬とのちがいを理解せず、補助犬を連れた人が入場を断られることが多くあります。人びとに、補助犬の同伴が必要な人について広く知ってもらうため、このマークがつくられました。

入り口にマークをはっていれば、「この施設や店は、補助犬について知っている、補助犬を連れた人は犬といっしょに施設を利用できることを知っている」というサインになります。断られる心配がないので、安心してドアを開けることができます。

ランチタイムにはご遠慮ください。

ほかのお客さんから見えない場所ならご案内できます。

いらっしゃいませ。どうぞ！

考えてみよう！

海外では、マークがなくても問題のない国が多いよ。日本とは何がちがうのかな？

補助犬って、どんな犬のこと？

補助犬とは、盲導犬、聴導犬、介助犬のことです。「身体障害者補助犬法」にもとづいて訓練・認定された犬です。

盲導犬

目の不自由な人の目の代わりの働きをします。外出時に安全に目的地へ誘導するため、特別に訓練されています。

ピンポーン

聴導犬

耳の不自由な人に音を知らせて、生活を助ける犬です。タッチをするなど、いろいろな動作で知らせます。

介助犬

手や足に障害のある人の手助けをするために、とくべつな訓練を積んだ犬です。ドアの開閉などをサポートします。

使いやすくするための工夫

工夫❶ 犬の顔の絵に「Welcome! ほじょ犬」と書いてあります。店や施設の人がよろこんでドアにはってくれるよう、親しみやすいデザインです。

工夫❷ 「法律により盲導犬・介助犬・聴導犬は同伴できます」と書かれています。英語でも「Service Dogs Welcome!（補助犬歓迎）」と書かれているので、外国の人が見ても意味がわかります。

工夫❸ 補助犬を広く知ってもらおうと、厚生労働省がつくったマークです。使いたい人は申請して、専用 WEB サイトからダウンロードして使います。

会社の入り口にはってあるマーク。この会社は補助犬を連れた人を歓迎する会社だということを表明している。

写真提供：塩野義製薬株式会社

いくつかの団体が同じ意味のマークをつくっている。上のマークは全国盲導犬施設連合会によるもの。下のマークは、兵庫県宝塚市と日本補助犬情報センターが協力してつくった。

日本補助犬協会 朴 善子さんの お話

Q 補助犬の受けいれを法律で義務付けているのに、なぜ、マークをはる必要があるの?

A 補助犬のことを知らない人が多いから。

補助犬は、目や耳、体に障害のある人たちが社会参加をするために欠かせないパートナーです。法律で、施設や店に補助犬を受けいれる義務があることが決められています。けれども、そのような法律があることを多くの人がまだ知りません。補助犬には 3 種類いることも、施設の利用をみとめるのは義務だということも、知りません。私たちは、町にたくさんのマークがはられることで、補助犬をみなさんに広く知ってもらいたいと思っています。

バリアフリーと補助犬

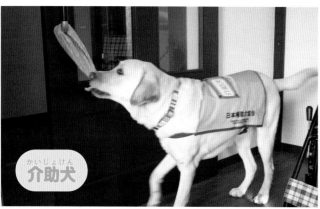

盲導犬

目の不自由な人の目の代わりとなって働く盲導犬。

考えてみよう！

きみが町で補助犬に出会ったら、どんなことに気をつければいいかな？

聴導犬

介助犬

目覚まし時計の音を、耳の不自由な主人に知らせる聴導犬（上の写真）と、引き戸を開ける手伝いをする介助犬（下の写真）。

日本で活躍する補助犬

補助犬は、体の不自由な人の目や耳や手足の代わりとなって働く犬です。使用者（補助犬ユーザー）が毎日の生活を送るために、欠かせないパートナーです。家での生活はもちろん、外出するときにも、いっしょに電車に乗ったりスーパーに買い物に出かけたり、さまざまな施設を利用したりします。危険を知らせることもでき、使用者が安全に行動できるように訓練されています。

訓練をすればすべての犬が補助犬になれるわけではありません。適性のある犬だけが補助犬になれます。また、どの補助犬も、関わる人びとの愛情、世話と訓練を受けて育ちます。そのため、補助犬の数をふやすことは簡単ではありません。

▼日本で働いている補助犬の頭数のうつりかわり

厚生労働省「身体障害者補助犬実働頭数」より作成

頭数

年度	盲導犬	介助犬	聴導犬
2017			
2018			
2019			
2020			
2021			

■ 盲導犬　■ 介助犬　■ 聴導犬

日本で活躍する補助犬は、盲導犬がもっとも多い。感染症流行によりボランティア活動がむずかしくなったなどの影響で、どの補助犬も数が少しへっている。

補助犬をあとおしする法律

2002（平成14）年に「身体障害者補助犬法（補助犬法）」が施行されました。公共施設や、電車やバスなどの公共交通機関、そしてスーパーやレストラン、ホテルなどの民間施設や病院に、補助犬を連れた人を受けいれることを義務づけた法律です。補助犬は障害者の身体の一部とみなされ、施設や店の人たちが補助犬を連れた人の入場を断ることは違法となりました。

また2013（平成25）年には「障害者差別解消法」が制定されました。これらの法律が、障害のある人たちの社会参加をあとおししています。

補助犬は「共生社会」の目印

2020年（開催は2021年）の東京オリンピック・パラリンピックの準備期間には、障害のある人などをふくめ、さまざまにちがいのある人たちが共に生きる社会をつくるための目標がかかげられました。目標に向けて、国や障害当事者の団体、補助犬関係団体の人が何度も集まって話し合いました。そしてようやく、周りの人の目を気にして補助犬の入場を断るなどしていた社会の雰囲気が、少しずつ変わってきています。

障害者の社会参加へのかべをなくすためにも、補助犬を知ってもらうための運動がつづいています。

知っているかな？

ペットと補助犬のちがいはどこでわかる？

ペットとはちがうことをしめすため、盲導犬は白か黄色のハーネス（胴輪）に、介助犬・聴導犬は胴着に、認定番号や補助犬の種類などを記載した表示をつけています。

また、補助犬を連れた人は、外出時にはいつも認定証を持っています。施設や店の人がペットと区別がつかないときに認定証を見せて、ペットではなく補助犬だということをしめすためです。

仕事中のボクたちにはさわらないでね!

聴　導　犬

認定番号　　日補-090号
認定年月日　2021年3月14日
犬　　種　　ヨークシャーテリア
認定を行なった指定法人の名称　公益財団法人○○○○

仕事中の補助犬は、このようにいつも認定証の表示をしている。聴導犬はとくに、小型犬などいろいろな犬種があり、ペットと思われる場合があるので、認定証を確認してもらう機会が多くなる。

補助犬が活躍する町づくりのために、どんな工夫があるといいかな？

考えてみよう!

だれもが遊べる公園

公園には、みんなで遊べる遊具があります。障害のある子もない子もいっしょに遊べるように工夫された遊具や、よく考えられた公園が、少しずつ広まっています。

東京都世田谷区にある砧公園に、「みんなのひろば」が新しく整備された。転んでもけがをしにくいように、地面にはやわらかい素材がしいてある。歩き始めたばかりの小さな子にも安全だ。

28

通路は広くなだらかで、車いすに乗ったまま、また歩行器を使いながら、上までのぼっていけるようになっている。車いすや歩行器を使う子どもも、ほかの子といっしょに楽しく遊ぶことができる広場だ。

Q 公園ってどんな場所?

A 子どもが楽しく遊べる場所

公園は、若い人もお年よりも、さまざまな人がさんぽをしたり運動したりしてくつろぐことができる場所です。とくに、遊びざかりの子どもたちにとっては欠かせない、なくてはならない場所です。子どもたちの心と体が成長するには、外でのびのびと遊ぶことが大切だからです。

町の公園には、子どもたちのために遊具がおかれています。そして今、町の公園や遊具が、少しずつ変わりはじめています。

砧公園にある回転遊具「ぐるぐるマウンテン」。背もたれがあるので、体をささえる力が弱い子もすわって遊ぶことができる。

砧公園にある、ねた姿勢でも楽しめるブランコ。広いので、何人かがいっしょに乗ってゆらすことができる。

調べてみよう！ きみの身近な公園には、どんな遊具があるかな?

Q 何が変わってきたの?

A 障害のある子どもにとっても、遊びやすい公園に変わってきた

これまでの公園や遊具は、障害のある子には使えないものがほとんどでした。公園でみんなが楽しく遊んでいるのに、自分だけいっしょに遊べないとしたら、とても悲しくなります。でも、遊べないのはその子のせいではありません。

ある人が、「遊べない子がいるのは、世の中にはいろいろな子がいるということに気づかないまま、遊具がつくられているせいだ」と気づきました。そして、公園と遊具の工夫が始まりました。

公園と遊具が変わると、みんなが遊ぶのを見ているしかなかった子や公園に来にくかった子が、兄弟や友だちと遊ぶようになりました。

障害のあるなしにかかわらず、また外国からきた人などさまざまな人がいる公園は、だれにとっても楽しい公園です。このように地域のみんなをつつみこむ公園を「インクルーシブ公園」とよぶようになっています。

みんなが遊べるための工夫

ブランコ

工夫❶ 3種類のブランコがあります。背もたれがついているものと、乗る部分が大きな皿の形になっているもの、ふつうのブランコです。だれでも、どのブランコで遊ぶかをえらぶことができます。

工夫❷ 背もたれのあるブランコは、体をささえる力の弱い子どもも安心して遊べます。

工夫❸ 皿の形のブランコは、ねた姿勢でも立った姿勢でも乗ることができます。ねた姿勢で大きくゆらすと、より大きなスリル感を味わえます。兄弟や友だちといっしょに乗ることもできます。

砧公園（東京都世田谷区）

大型遊具「みらい号」

工夫❶ スロープは、なだらかで幅が広いです。歩行器や車いすを使っている子どもが、遊具にそのまま上り、すべり台まで行くことができます。

工夫❷ スロープのほかにも、階段や、手でつかんだり足をかけたりして上ることができるでっぱりのついた上り板があります。いろいろな遊び方ができます。

工夫❸ 車いすからすべるための台にうつりやすいよう、台が高くしてあります。つかまるための手すりもあります。

工夫❹ すべり台は広いので、おとなや友だちといっしょにすべることができます。

遊具に上る長いスロープ。手すりにつかまりながら上り下りできる。

すべり台の手前の台は、車いすの席と同じくらいの高さ。

砧公園（東京都世田谷区）

**インクルーシブ公園の提案をした都議会議員
龍円 愛梨さんのお話**

Q 新しい公園がほしいと思ったのは、なぜ？

A 障害のある子もみんなといっしょに遊べる公園が、必要だと思ったから。

私には障害のある子どもがいます。子どもと2歳まで過ごしたアメリカは、障害のある子もない子もいっしょに学び、育つ、インクルーシブな社会でした。日本に帰ってきたら、障害のある子がみんなといっしょに安心して遊べる公園がないことに気づきました。そこで議員になり、新しい公園の整備を都議会に提案しました。完成した公園で、生まれて初めてブランコに乗った障害のある女の子が全身で喜びをあらわすのを見て、取り組んでよかったと心から思いました。子どもたちに、みんなが友だちになって遊ぶ楽しさを知ってほしいです。

インクルーシブ公園って何だろう？

海外で生まれたインクルーシブな遊び場

インクルーシブとは「つつみこむような」という意味の英語です。日本では、だれもが楽しめるように考えられた遊具があったり、設計されていたりする公園を「インクルーシブ公園」とよんでいます。

このような公園はアメリカやヨーロッパで多くつくられています。たとえばアメリカでは、1990年にできた「障害者差別禁止法」をひとつのきっかけに、障害のある子どもも遊べる遊具づくりが注目されました。その後、さまざまな子どもたちがいっしょに遊べる工夫が取りいれられるようになりました。

新しい公園づくりは今、台湾などアジアにも広がっています。日本でも、2020（令和2）年に東京都世田谷区にできた砧公園をはじめとして、全国に広がり始めています。

オーストラリアにある公園の遊具。子どもたちがのったままゆっくりと回転する。車いすに乗ったまま遊ぶこともできる。

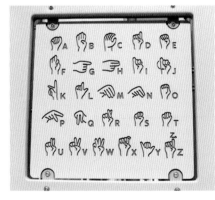

アメリカの公園遊具にとりつけられている、手話のアルファベット表記。手で会話することを自然に学ぶことができる。

考えてみよう！

回転する遊具とブランコのほかには、公園にどんなものがあればみんなで楽しく遊べるかな？

カナダの公園にあるブランコ。何人もの子どもがいっしょに乗って、立ったりすわったりして遊んでいる。この皿型ブランコは日本のインクルーシブ公園にもある。

みんなのための公園を みんなで考える

　日本では、公園をつくるのはおもに、役場の公園課の人や遊具メーカー、遊び場の設計者たちです。しかし、公園をだれもが楽しめるようにするには、町の人がみんなで意見やアイデアを出しあうことが大切です。

　障害のある人やない人、体力をつけたいおとな、運動をしたいお年より、それに子どもたちなど、公園を使う人はさまざまです。国籍のちがう人もいます。みんなの意見を取りいれながら、だれもが楽しめる、よりよい公園をつくるための工夫を始める市や町が、少しずつふえています。

東京都にある国営昭和記念公園。「わんぱくゆうぐひろば」の遊具が、いろいろな子どもたちが遊べるものに少しずつ改良されている。

知っているかな？

東日本大震災の跡地に できた公園

　2021年夏、岩手県宮古市に新しい公園がオープンしました。2011年の東日本大震災で、一帯は津波の被害を受けました。この公園は、市役所跡地にできたものです。車いすで利用できるスロープや、芝生をしいた遊具ゾーン、スケートボードができるエリアもあります。だれもが楽しむことができるインクルーシブ公園としてつくられています。

写真提供：休暇村陸中宮古

宮古市にできた「うみどり公園」。東北地方で初めてのインクルーシブ公園だ。

きみの身近な公園でだれもが遊べるようになるには、どんな工夫があるといいかな？

考えてみよう！

「かすみがうらマラソン兼国際ブラインドマラソン 2020」で走る選手たち。目の見える人たちと同じレースで、視覚障害者がボランティアの伴走者とロープを持ちあい、ともに走っている。ブラインドマラソンは、目の不自由な人が安心して全力で走るために工夫されたスポーツだ。

写真提供：かすみがうらマラソン大会事務局

スポーツは、運動が得意な人だけのものではありません。みんなが楽しめるように工夫されたスポーツとは、どんなものでしょうか？

Q どんなスポーツがあるの？

A 用具やルールを工夫したスポーツ

スポーツは、スポーツ選手だけでなく、だれもが楽しむことができます。スポーツを楽しむ人に合わせて、用具やルールを変更したり、工夫したりしたスポーツがあります。中には、障害のある人たちのために、ゼロから新しくつくり出されたスポーツもあります。

写真提供：日本パラバレーボール協会

下半身や上半身に障害のある人も楽しめる Sitting volleyball。攻撃するときはつねに、おしりが床についていなければならない。レシーブのときは、一瞬床からはなれることがゆるされている。

写真提供：東京都フライングディスク協会

やわらかい円盤を投げ合うフライングディスク。投げる距離を競ったりチーム戦を戦ったりして遊ぶ。球技が苦手な人にも人気だ。

調べてみよう！　みんなで楽しめるように工夫されたスポーツには、どんなものがある？

Q なぜ、つくられたの？

A だれにでも楽しめるスポーツが求められたから

運動の得意な人が取り組むスポーツは、たくさんの種類があります。しかし、障害がある人、年をとった人、体力のない人、子どもなどには、もともとの決められたルールのもとでは、十分に楽しめるスポーツがあまりありませんでした。そこで、能力のちがう人が公平に楽しめるように、人に合わせて用具やルールを変えたスポーツができました。一方でボッチャのように、障害のある人のために新しく生みだされたスポーツが、障害のあるなしにかかわらず楽しまれている例もあります。

スポーツに縁がなかった人でも、これらの新しいスポーツであれば、チャレンジして楽しむことができます。体力をつけることができ、またなかまとのふれあいがふえ、生活がより楽しくなります。

 考えてみよう！

いつも楽しむ遊びやスポーツのルールを少しだけ変えて、友だちとより楽しめる工夫をしてみよう！

発達障害児のための
水泳教室を開いている
小川 達也さんの
お話

Q スポーツをすすめる理由を教えてください。

A 生活の中の楽しい部分が広がるからです。年をとっても、いつまでも楽しめます。

私は長年、発達障害の子どもたちと関わり、8年前からは水泳教室を運営しています。発達障害は生まれもった性質で、落ち着きがなかったり、一定のことにこだわりが強かったりする特徴があります。体の成長もおくれがちなので、障害のない人たちといっしょのクラスではいつも負けてしまいます。そこで私たちの教室では、生徒をほめて成功を体験してもらうことを大切にしています。スポーツに取り組むと、生活の中の楽しい部分が広がります。水泳やスキー、サーフィンなど、水や風を感じられるスポーツがおすすめです。

だれもが楽しめる工夫

ボッチャ

工夫❶ 重い脳性麻痺、または四肢機能障害者など、体を思うように動かすのがむずかしい人たちが楽しめるように考えられたスポーツです。

工夫❷ 障害のある人もない人も、ともに参加して楽しめます。

工夫❸ 白のジャックボールめがけて自分の玉を投げ、近さを競います。玉は、上から投げても下から投げても、けってもかまいません。

工夫❹ ボールを投げることができない人は、勾配具（ランプ）などの道具を使います。口や頭部を使ってもかまいません。

工夫❺ どうしたいかを競技アシスタントに伝えて、勾配具の向きを調整をしてもらうことができます。アシスタントはコートを見ることができないルールなので、勝敗に関係しません。

写真：実業之日本社　吉村もと

←── ジャックボール（❸）

投げたボールを正確に目標（白いジャックボール）に近づけられるか、または、相手のボールを利用して自分のボールを有利にできるかが、選手のうでの見せどころだ。

ランプとよばれる勾配具を使う選手（❹）。アシスタントにどうしたいかを伝えて投球を手伝ってもらう（❺）。

写真：実業之日本社　吉村もと

やってみよう！

いろいろな場所でボッチャの体験教室が開かれているよ。きみも参加してみよう！

進化するスポーツ施設

ふえてきた 共用型のスポーツ施設

　障害者が専用に使うためのスポーツ施設は、全国にあります。しかし今は、障害のある人もない人も、ともに使うことのできるスポーツ施設や教室が人気です。

　車いすで水のそばまで行くことができるプールや、車いすで動き回ることができる体育館などが、全国各地にできています。

写真：朝日新聞

水泳教室の「アダプテッドスポーツクラス」。落ち着きがなかったり、一定のことにこだわりが強かったりする発達障害の子どもたちのためのクラスだ。

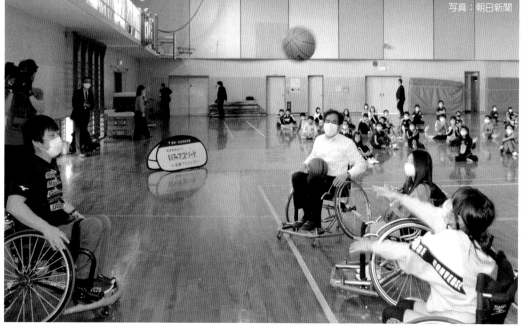

総合的な学習の時間に、車いすバスケットボールを体験する小学生。昔は、車いすを使うと床がいたむという理由で利用できる体育館が少なかったが、最近は小学校の体育館でも、車いすを使うことがふえてきた。

知っているかな？

「アダプテッドスポーツ」ってなに？

　障害のある人やお年より、子どもや女性など、いろいろな人がいっしょに参加できるスポーツやレクリエーションのことです。障害の有無や体力にかかわらず、だれもが楽しめるようにと考えられました。もともと　あったスポーツのルールや道具に改良がくわえられたり、ゼロから新しくつくられたりしたスポーツがあります。「障害者スポーツ」と似た意味で使われる言葉ですが、障害者にかぎらずいろいろな人が楽しめます。

だれもが、走ることを楽しむ場所

　東京都江東区の豊洲に「ギソクの図書館」があります。走るための義足の部品がそろえてあり、図書館で本を借りるように、いくつもとりかえて試すことができます。

　同じ建物の中に、義足を試しにつけて走ることができる場所として、ランニングスタジアムもあります。ここでは、義足が必要な人と必要でない人が、いっしょに走ることを楽しんでいます。さまざまに工夫した環境を準備することで、障害があることで生まれるバリア（かべ）が取りはらわれます。

「ギソクの図書館」にはさまざまな義足がそろえてあり、部品ごとに試すことができる。

写真：毎日新聞

東京都江東区の豊洲にある、新豊洲 Brillia ランニングスタジアム。60mトラックが6レーンあり、障害のある人もない人も、だれでも使うことができる。

きみの町のスポーツ施設では、どんなバリアフリーの工夫があるかな？

調べてみよう！

さくいん

監修	川内美彦（東洋大学人間科学総合研究所客員研究員）

一級建築士、博士（工学）。頸髄損傷により19歳から車いすを使用。1989〜90年、ユニバーサル・デザインの提唱者であるロン・メイスと親交を結び、薫陶を受ける。障害のある人の社会への関わりについて、「人権」や「尊厳」の視点で分析し、平等な社会参加を権利として確立していく活動を展開している。

国語科指導	岩倉智子（梅光学院大学文学部教授）
装丁・本文デザイン	倉科明敏（T.デザイン室）
企画・編集	渡部のり子・頼本順子（小峰書店） 常松心平・鬼塚夏海（オフィス303）
イラスト	ニシハマカオリ（P5）、加藤季余乃（P20） 常永美弥（P10、P11、P13、P16、P24上、P30、P36） フジサワミカ（P17、P18、P19、P21、P24下）
図表・グラフ	玉井杏
写真	平井伸造
取材協力	国立研究開発法人情報通信研究機構(NICT)、NHK、小林とみ子、日向恵、(公財)日本補助犬協会、みーんなの公園プロジェクト、龍円あいり事務所、トレーナーズラボ/アダプテッドスポーツクラス
写真協力	国立研究開発法人情報通信研究機構(NICT)、(株)フィート、NHK、(公財)日本補助犬協会、認定NPO法人全国盲導犬施設連合会、(特非)日本補助犬情報センター、みーんなの公園プロジェクト、(株)実業之日本社、(株)朝日新聞社、(株)毎日新聞社、PIXTA、istock

みんなが過ごしやすい町のバリアフリー

④伝える・楽しむ工夫

2022年 4 月 9 日　第1刷発行
2022年11月11日　第2刷発行

発行者	小峰広一郎
発行所	株式会社小峰書店
	〒162-0066 東京都新宿区市谷台町4-15
	TEL 03-3357-3521　FAX 03-3357-1027
	https://www.komineshoten.co.jp/
印刷・製本	図書印刷株式会社

© Yoshihiko Kawauchi 2022 Printed in Japan
NDC 369　40p　29 × 23cm　ISBN978-4-338-35004-4